Danksagung
von Manfred Bartl

Für die fachkundige und moralische Unterstützung
danke ich Andreas Eich, Michael Grün und Jutta Ziegler

Satz: DTP-Dompteuse
Druck und Bindung:
Sebald Sachsendruck, Plauen
1 2 3 4 5 99 98 97 96 95
Auflage Jahr
(jeweils erste und letzte Zahl maßgeblich)

ISBN 3-8231-1025-X

Chemiker

Ein fröhliches Wörterbuch für alle Jünger des Paracelsus, für die Doctores, Laboranten, CTAs, Chemotechniker und alle, die mit der Chemie leben müssen.

Von Manfred Bartl
mit Zeichnungen von Heinz Wildi

TOMUS

Aberglaube

A

Aberglaube	Trieb, dessen Wirkung sich insbesondere darin äußert, daß Chemiker es unter allen Umständen vermeiden, Lösungen mit Volumina von (n+13) Millilitern anzusetzen, 13 Gramm einer Substanz zu verwenden, eine Mischung 13 Stunden rühren zu lassen oder beim Chromatographieren 13 Fraktionen zu nehmen. Natürlich lassen sie in ihrem Protokoll die Seite 13 aus. Eine ganze Welt aber bricht für sie zusammen, wenn ihr wissenschaftlicher Artikel auf Seite 13 des Journals beginnt, das am Freitag, dem 13. Januar, erscheint.
Abfalltonne	Was für Chemiker der Kaffeeraum ist, ist für Chemikalien die Abfalltonne: Hier trifft sich alles.
Aktivierungsenergie	Energetischer Berg, der vor jeder chemischen Umsetzung überwunden werden muß. Für die meisten Chemiker liegt die Aktivierungsenergie im Bereich einer heißen Tasse Kaffee.
Aktivität	Chemikalien sind von Natur aus faul. Aktivität wird ihnen nur abverlangt, um ins Gleichgewicht zu kommen.
Alchimie	Vorläufer der Chemie. Auf dem Weg zu ihrem großen Ziel, aus Blei (oder sogar noch billigeren Ausgangsmaterialien) Gold zu gewinnen, gelangen den Alchimisten rein zufällig viele herausragende Entdeckungen und neue Synthesen. Moderne Chemiker unterscheiden sich hierin nicht von den Alchimisten; nur ein Ziel haben sie nicht mehr.
Aliquot	Zur quantitativen Analyse untersucht man normalerweise nicht die gesamte zur Verfügung stehende Probe, sondern nur ein Aliquot, darauf vertrauend, daß man vom Bild der

Mengenverhältnisse bei der Verwendung eines ganzen Liters der Probe ein Plakat erhält, während bei der Analyse eines Milliliters der Probe ein Microfiche herauskommt, das jedoch dieselbe Information enthält.

Alkohol

Nüchtern betrachtet ein bekanntes Lösungsmittel. Löst auch Sorgen auf. Allabendlicher Trost für Chemiker, die die Chemie selbst nach Feierabend nicht vergessen können. Ganz allgemein im häuslichen Bereich meistverbrauchte Chemikalie.

Ammoniak

Gas, das seinem Gift-Charakter alle Ehre macht und insbesondere Nicht-Chemiker in die Flucht treibt. In Maßen „genossen“ macht Ammoniak den Rachen frei.

Ausbeute

Maß des Erfolgs unter präparativen Chemikern. Man kann die Ausbeute steigern durch
a) konsequente Optimierung der Syntheseschritte oder
b) Betrug. Gerade bei Angaben um 100% darf man ruhig ein wenig vorsichtiger sein, denn schon beim Umschütten verliert man genug, daß es sich prozentual bemerkbar macht. Außerdem muß man stets den Entropie-Preis berücksichtigen.

Automatisierung

Viele freundliche Helfer mit so nützlichen Eigenschaften wie herkulischen Kräften, hervorragendem Gedächtnis, unendlicher Geduld und rastloser Ausdauer rund um die Uhr bei tadelloser Präzision unterstützen den Chemiker bei seinem alltäglichen Werk. In einer Beziehung gleichen sie sich fast so sehr wie eineiige Zwillinge: in ihrem „heißen Draht“ zur Steckdose. Höchstes Ansehen aber genießt ihr strikter Gehorsam. Und wenn sie einmal nicht spuren, kann der Chemiker ihnen zwar keine Backpfeife verpassen, wie es

Alkohol
DU WEISST AUCH NICHTS ÜBER DEN INHALT DIESER WHISKY - FLASCHE? MACHT NICHTS ! WAR SOWIESO NUR METHYL-ALKOHOL ...
!

Batterie

Alchimisten mit ihren aufmüpfigen Gesellen zu tun pflegten; wohl aber kann er die Reset-Taste drücken.

Azeotrop

Ende der Fahnenstange bei Gemisch-Destillationen, denn ab hier geht nur noch über, was sowieso schon im Kolben vorliegt.

B

Batterie

Praktische Möglichkeit der Energiespeicherung – jedenfalls praktischer als Versuche, Licht in Dosen zu verpacken, um im entscheidenden Moment eine Solarzelle damit betreiben zu können. Oder man stelle sich folgendes Alternativ-Szenario vor: Der Schüler Carsten S. schneit auf seinen Rollerblades auf dem Weg zur Schule noch mal kurz bei der Tankstelle vorbei, um seinen Walkman aufzutanken, der von einem 20 ccm V12-Motor angetrieben wird. Beim Anlassen schrickt der Tankwart immer zusammen, weil die Mini-Maschine einen Heidenlärm macht. Aber Carsten zuckt nur mit den Schultern, denn sein Walkman hat Dolby D bis Q, was seine Eigengeräusche ausreichend dämpft. Nächstes Jahr wird das hinfällig: Dann plant Carsten die Anschaffung eines Windrades für seine Baseball-Mütze.

Becherglas

Mutwilliger Neologismus für Glasbecher. Sensibles Wesen mit geringer Halbwertszeit. Wenn es aus einer Höhe von etwa einem Zentimeter fällt, kann es passieren, daß aus ihm ein Fäßchen ohne Boden wird. Wenn in ihm ohne Netz und doppelten Boden über dem Bunsenbrenner Wasser zum Sieden gebracht wird, springt es – erst hoch, dann entzwei.

Beliebtheit

Obwohl Chemiker zu den Stützen unserer Gesellschaft zählen, dichtet man ihnen oft geringe und weiter abnehmende

	Beliebtheit an. Tatsache ist, daß man einem Chemiker – selbst wenn er im Kittel ist – im Bus immer einen Sitzplatz anbietet. Was heißt einen? Ein Dutzend Sitzplätze bietet man ihm an!
Benzol	Im klassischen Sinne das wahrscheinlich schönste Molekül. Leider giftig, krebserregend und leichtentzündlich.
Brechungsindex	Frustrationsgrad eines Chemikers.
Brownsche Bewegung	Ungerichtete Bewegung molekularer Teilchen in Abhängigkeit von der absoluten Temperatur. Synonyme: Zitterbewegung, Random Walk, Techno-Dance.
Bürette	Stationäre Pipette, die direkt auf das Gefäß aufgesetzt wird, aus dem eine Flüssigkeit in genau quantifizierbaren Mengen entnommen werden soll. Die Apparatur nutzt dabei den Unterschied zwischen Luftdruck und per Gummigebläse ausgeübtem Druck. Manchmal hat diesem der äußere Luftdruck nichts entgegenzusetzen; dann hat die Bürette weniger Ähnlichkeit mit einer Pipette als vielmehr mit einer Dusch-Brause. Doch auch die Menge der über die obere Öffnung verspritzten Flüssigkeit läßt sich noch exakt bestimmen: durch eine akustische Messung des Überraschungsschreis des Opfers.

C

CD	Compact Disc. Beispielhafte Zusammenarbeit zwischen Chemikern und Physikern. Bei einer CD handelt es sich nämlich um ein Stück gepreßte Chemie, in das die Physik eingraviert worden ist.

Beliebtheit

Chemiebaukasten

Chemie, anorganische

Weist die längste Tradition aller chemischen Disziplinen auf: Immerhin reichen die Wurzeln der a. Ch. zurück bis an den Beginn der Bronzezeit. Damals hatten es die anorganischen Chemiker noch extrem schwer. Wer einmal Bronze erfindet und dann tausend Jahre gar nichts mehr, kann nicht erwarten, daß ihn der Stamm so lange durchfüttert. Heute ist die a. Ch. fast so produktiv wie die organische Chemie, auch wenn für so manche neusynthetisierte Substanz die Schwerkraft abgestellt, die Luft durch zweihundert Atmosphären Stickstoff ersetzt und die Temperatur auf 5000°C gesteigert werden muß, was die Nutzungsmöglichkeiten solcher Stoffe nicht unerheblich einschränkt.

Chemiebaukasten

Interessantes Wissensspielzeug, dessen pädagogisches Potential sich aber erst vollständig entfaltet, wenn man sich nicht mehr an die Anleitung hält. Mit Experimenten dieser Art verschafft sich ein neugieriges und spielbegeistertes Kind sehr leicht neue Tapeten, eine völlig neue Kinderzimmereinrichtung und natürlich ganz neues Spielzeug – aber ganz bestimmt keinen neuen Chemiebaukasten mehr!

Chemie, organische

Teilbereich der Chemie, der sich zuerst, da anfangs durch den Vitalismus gebremst, nur mit den chemischen Verbindungen der lebendigen Welt beschäftigte, die dieser Theorie zufolge vom Menschen nicht künstlich dargestellt werden könnte, sich dann aber, durch Wöhlers Synthesen animiert, die Chemie fast aller Kohlenstoffverbindungen unter den Nagel riß und der dann übrig gebliebenen anorganischen Chemie davon nur ein paar kümmerliche Fitzelchen wie Kohlenmonoxid, Kohlendioxid, Kohlensäure und Kohlensulfid ließ – und selbst diese nur widerwillig.

Chromatographie

Die Kunst der Isolation *einer* Chemikalie aus den wildesten Chemie-Cocktails. Der Mix wird von oben in eine mit einer weißen Substanz gefüllte Glas- oder Metallsäule gegeben, die dann alles Weitere von selbst erledigt – spätestens, wenn man etwas Druck ausübt (HPLC). Es handelt sich mithin also um die Umkehrung des Prinzips Schornstein: Die diffuse Verteilung des von oben kommenden Gemisches wird in den scharfen Peak der gewünschten Substanz unten umgewandelt. Die phantastischsten Chromatographie-Säulen sind die, die ein solches Gemisch in *alle* Einzelbestandteile auftrennen, was dem Stein der Weisen schon recht nahe kommt.

Chromdioxid

Material, das in der bemerkenswerten Lage ist, alle Arten von Informationen zu speichern. Geradezu phantastisch aber ist die Möglichkeit, Lautsprechern mittels einer Chromdioxid-Audiokassette „farbige Musik“ zu entlocken und mittels einer Chromdioxid-Videokassette „musikalische Bilder“ in HiFi-Qualität über die Mattscheibe flimmern zu lassen.

D

DDQ

Elender Wasserstoffräuber. Zieht ringförmigen Verbindungen das Wasserstoffkostüm bis zur Aromatizität aus.

Designerdrogen

Drogen, die von Hobbychemikern mit Zöpfchen designed werden.

Destillation

Möglichkeit zur Geisteraustreibung (z. B. von Weingeist aus Wein, Salmiakgeist aus Salmiak). Interessanterweise kann der Weingeist wieder zur Vertreibung weiterer Geister

Chromdioxid

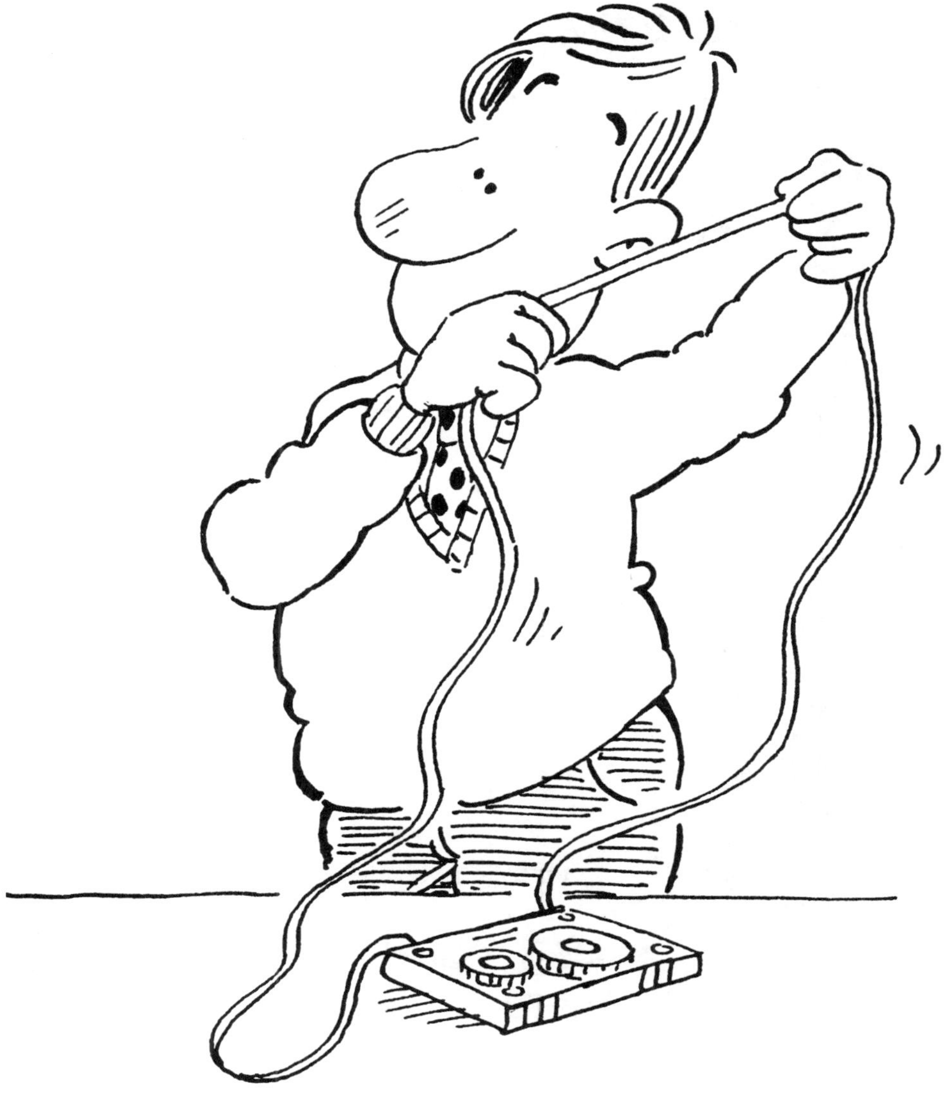

Diamant

FORMEL ? WIR HABEN DOCH GESTERN ABEND IM SUFF SO EINIGES ZUSAMMENGESCHÜTTET !

eingesetzt werden, insbesondere des menschlichen Geistes aus dem Gehirn.

Destillationskolonne

Ein Gerät, das noch aus der Zeit der Heiligen Inquisition stammt. Denn damit bei einer Destillation nicht irgendein x-beliebiges Gespenst erscheint, müssen alle entstehenden Kobolde, Wichte, Geister und Teufel einen Hindernislauf durch besagte Kolonne antreten. Dieser ist so schwierig angelegt (man beachte die komplizierte Bauweise moderner Kolonnen), daß normalerweise der Reine Geist als erster das Ziel, den Kolonnenkopf, erreicht. Nach den vorstehenden Ausführungen ist natürlich sehr leicht einzusehen, daß der entweichende Geist um so reiner wird, je länger die Kolonne ist.

Insbesondere die Teufel haben keine Chance gegenüber den geschickten und schnellen Geistern und bleiben deshalb unten im sog. Sumpf gefangen, wo höllisch hohe Temperaturen herrschen. Im frühen Mittelalter glaubten nun religiöse Alchimisten, dies wäre immer so, und das Bild vom Teufel in der Hölle und den Geistern in der Höhe (für die sich später der Begriff Engel durchsetzte) entstand.

Diamant

Ein Diamant ist unvergänglich. Glatt gelogen. Er wandelt sich vielmehr bei Raumtemperatur innerhalb eines Zeitraumes von wenigen Milliarden Jahren spontan in Graphit um. Achten Sie also beim nächsten Kauf auf das Verfallsdatum!

Diffusion

Hierunter versteht man in der Chemie folgenden Prozeß: Beliebige Teilchen, Stoffe oder Dinge bewegen sich von einem Ort hoher Konzentration zu einem Ort niedriger Konzentration. Somit steht die Chemie in diesem Punkt in krassem Widerspruch zum Bank- und Finanzwesen.

Diplom-ChemikerIn	Berufsbefähigender Abschluß. Fragt sich nur: für welchen Beruf?
Distickstoffoxid	Wer glaubt, Chemiker hätten nichts zu lachen, braucht nur einmal diese Gasbombe aufzudrehen und tief einzuatmen.

E

Ecstasy	Chemiker verfallem dem Einfluß von harten Drogen nur sehr, sehr schwer. Zum Beispiel ist das für andere Menschen womöglich verlockend klingende und wilde Phantasien versprechende Ecstasy für Chemiker nur 2-(D/L)-1-(3,4-Methylen-dioxy-phenyl)-2-methylamino-propan – eine organische Verbindung unter rund zehn Millionen anderen.
Elemente	Wichtige Aufbaustoffe des Universums, des Menschen, des Periodensystems und von Kreuzworträtseln.
Eliminierung	Leider auch heute noch angewandte Praxis der Hinrichtung von funktionellen Gruppen. Während in der menschlichen Kultur seit eh und je dem Delinquenten eine Henkersmahlzeit gereicht wurde, haben in der chemischen Welt die sterblichen Überreste einen ausgesprochen ungesättigten Charakter. Eine Augenbinde wird dafür nicht mehr verwendet, denn die Liquidation findet hinterrücks statt (Fachausdruck: antiperiplanar).
Enantiomer	Manchen Molekülen geht es wie ihrem Chemiker: Jeden Morgen sehen sie in ihr verschlafenes und unrasiertes Spiegelbild – meso-Verbindungen sehen wirklich sich selbst, denn sie schauen über einen Spiegel in den Spiegel.

Diplom-ChemikerIn

Fachchinesisch

Entropie	Chemiker verstehen die Entropie nicht besser als andere Naturwissenschaftler auch; aber sie haben sich im Laufe der Zeit mit ihr arrangiert.
Enzyme	Alleskönner. Sie sind die Bautrupps, die Fabrikarbeiter und Werkzeuge des Körpers. Als Polizisten der kosmetischen Industrie fangen sie Freie Radikale wieder ein und schütten die vom Alter aufgeworfenen Falten wieder zu. In der Waschmittelindustrie entfernen sie Flecken, vor denen Waschmittel ohne Enzyme kapitulieren müssen.
Etat	Meßgröße, für die noch keine Naturkonstante gefunden wurde, was der Fairneß halber dringend notwendig wäre. Es ist doch absurd, daß sich *eine* Forschungsgruppe selbst zum Spülen noch 110%ig reines Aceton leisten kann und auch leistet, während eine *andere* sich selbst beim Natriumchlorid beschränken und die Reiskörner darin erdulden muß, an denen man erkennt, daß das Salz aus der Konkursmasse irgendeiner obskuren Restaurantkette stammt.
Ethanol p.a.	Vorstufe des Eierlikörs.

F

Fachchinesisch	Angeblich die Ausdrucksweise von gebildeten Spezialisten. In Wirklichkeit ist es eine spezielle Möglichkeit, sein Unwissen zu verheimlichen. Erst mit dem Fachchinesisch erlangt die Chemie den Status einer Ersatzreligion: Wie bei anderen Religionen kann man sich so ausdrücken, daß man von niemandem verstanden wird.

Fenster	Optischer Übergang vom prallen, sonnenscheinerfüllten Leben zum nebelverhangenen, stinkenden Labor.
Feuchtigkeit	Eine Eigenschaft der Luft, die manchen Chemikalien zu schaffen macht. Einige sind sogar so empfindlich, daß die Frage des Chemikers: „Bist du feuchtigkeitsempfindlich?“ – laut ausgesprochen und direkt an die Chemikalie gerichtet – diese bereits komplett hydrolysiert.
Feuerlöscher	Inhibitor für stark exotherm verlaufende Reaktionen.
Feuerzeug	Was dem Buchhalter der Bleistift, ist dem Chemiker das Feuerzeug. Meist reichen die als Werbegeschenke überreichten nicht einmal einen Monat. Denn hat man den Bunsenbrenner entzündet, steckt man sein Feuerzeug in die Kitteltasche zurück. Doch braucht man es eine Stunde später wieder, ist es mit Sicherheit – drei Labore weiter in den Abguß gefallen, – draußen auf dem Hof, und der Rasenmäher ist gerade darüber hinweggefahren, – der Sammlung des Laborleiters einverleibt worden, – von der Polizei in einem Zweihunderteinundsiebzig-Seelen-Dorf einhundert Kilometer entfernt als Beweisstück in einem Fall illegaler Straßenüberquerung durch einen Fußgänger konfisziert worden oder – komplett vom Erdboden verschwunden.
Fischer-Projektion	Einem chiralen Molekül in der Fischer-Projektion kann man unmöglich das Rückgrat brechen; **zweimaliger** Bruch hingegen stellt nicht das geringste Problem dar. Bei dreifachen oder noch häufigeren Brüchen wird es dann ohnehin so unübersichtlich, daß man solche ganz vermeidet.

Feuerlöscher

Freizeit

Formeln	Stilmittel der organischen Chemiker, die im Umgang mit Konjunktionen, Präpositionen und Deklinationen bei weitem nicht so geübt sind wie in der Handhabung der chemischen Formeln.
Forschungsministerium	Füllhorn. Der Forschungsminister ist das Heinzelmännchen, das für die Wissenschaft überall dort Geld zusammenkratzt, wo es anderweitig nicht gebraucht wird, also beim Verteidigungshaushalt, beim Sozialhaushalt und beim Bildungshaushalt. Da es sich dabei um nicht besonders viel Geld handelt, benötigt der Forschungsminister das Einfühlungsvermögen einer Henne, um es gerecht zu verteilen. Das entwickelte Verteilungsverfahren kommt allen entgegen: Die Wissenschaftler, die am lautesten darum betteln, erhalten den größten Anteil. Unter allen, die das Betteln nicht so gut beherrschen, werden die Reste verlost.
Freizeit	In seiner Freizeit kann der Chemiker sich entspannen, seinen Gedanken freien Lauf gewähren, sich sammeln für kommende Aufgaben. Darum freut sich der Chemiker über jedes bißchen Freizeit, das man ihm läßt. Leider geht für die meisten Chemiker die Freizeit beim morgendlichen Zähneputzen restlos drauf.
Fresenius	Märchenonkel der Fernsehwerbung.
Funktionelle Gruppe	Anderer Begriff für erogene Zone. Sanfte Berührungen zweier Partner an diesen Stellen führen zu mitunter heftigen Reaktionen, wobei sich manchmal stabile Verbindungen bilden, manchmal aber auch bald wieder Scheidung eintritt. Häufig werden auch kleine Bruchstücke abgespalten. Dies

nennt man dann allerdings „Kondensation“, und es dauert nicht unbedingt 9 Monate.

Fußball

Schwerer Fall von Plagiat. Als sich vor 150 Jahren eine Handvoll Menschen zusammentat, um 12 schwarze fünfeckige und 20 weiße sechseckige Lederfetzen so zusammenzunähen, daß man daraus mit ausreichendem Innenluftdruck eine Kugel formen konnte, war ihre Intention, der Natur wenigstens ein einziges Mal zuvorzukommen, etwas ganz und gar Eigenständiges zu erschaffen.
Mit der Entdeckung des Buckminsterfullerens wurde der größte (Selbst-) Betrug der Geschichte aufgedeckt: Die Natur hatte den Fußball schon vor Millionen von Jahren erfunden, und allerhöchstens die Farbgebung war tatsächlich menschlichen Ursprungs. Milliarden-Summen aus Fernsehrechten und Trikotwerbung wurden ihr bis heute schon vorenthalten, und noch immer wird das Recht der Natur im wahrsten Sinne des Wortes mit Füßen getreten.

G

Gedankenexperiment

Hier steht die Realität dem Forscher nicht im Weg.

Geisterlabor

Zuerst geht die Zahl der veröffentlichten Artikel zurück; dann bleiben die Drittmittel aus, was wiederum angehende Diplomanden und Doktoranden abschreckt, die somit auch nicht mehr zu den Artikeln beitragen können. Zuletzt bleibt der Professor als kleines Häufchen Elend völlig vereinsamt in seinem Geisterlabor übrig und hat nur noch eine ihn aufrecht erhaltende Aufgabe: Bleistifte anspitzen.

Geisteszustand

So mancher berühmte Chemiker überarbeitete sich so dermaßen, daß man an seinem Geisteszustand zweifeln mußte.

Gedankenexperiment

Geisteszustand

– Rutherford beschoß Gold,
– Walden ließ Regenschirme umklappen,
– Hahn und Straßmann spalteten Kerne und
– Eigen hetzte die schnellsten Reaktionen.

Gift Paracelsus (1493-1541) sagte: „Alle Dinge sind Gift und nichts ohne Gift; allein die Dosis macht, daß ein Ding kein Gift ist.“ Recht hat er. Essen Sie doch einmal zwei Kilogramm Kochsalz, oder trinken Sie einen Liter destilliertes Wasser auf ex, oder versuchen Sie, statt 250 Gramm Kirschen 250 Gramm pures Kirschenaroma zu vernaschen!

Gips Exoskelett als chemische Konsequenz einer Knochenfraktur.

Glas Material zur Herstellung von Reaktionsgefäßen, die es dem neugierigen Chemiker erlauben mitzuverfolgen, wie sich seine Reaktanden allmählich in schwarzen Teer verwandeln – bevor der Kolben bricht. Aber Scherben bringen Glück!

Glasfritten Frittierte Kartoffelstäbchen, die an Wochenenden den asiatischen Speiseplan bereichern, nachdem es die ganze Woche nur Glasnudeln mit Sojakeimlingen gegeben hat.

Graphit Modifikation des Kohlenstoffs, die heute an allen Fronten Boden verliert: Nach dem Diamanten als unangefochtene Modifikation Nummer 1 ist C_{60} so sehr in den Mittelpunkt gerückt, daß es seit seiner Entdeckung von der dritten zur zweiten Kohlenstoffmodifikation aufgerückt ist und somit den Graphit verdrängt hat. Wer schreibt schon heute noch mit Bleistift?

Gruppe Im Periodensystem senkrecht untereinander stehende Elemente bezeichnet man als Gruppe. Die Gemeinsamkeit beschränkt sich auf die gleiche Valenzelektronenkonfiguration. Ansonsten verbinden sie sich lieber mit Elementen anderer Gruppen.

Gute Laborpraxis Wer diese Regeln aufgestellt hat, mag von Praxis nicht viel Ahnung gehabt haben.

H

Halluzinogene Der Stoff, aus dem die Träume sind.

Hamilton-Operator Mathematische Darstellungsweise der kinetischen Energie von Atomen und Molekülen unter allen äußeren Bedingungen, die den Weg zur Vermarktung der Chemie als Action-Video-Game freigemacht hat. Endlich war es möglich geworden, quantenmechanisch korrekte Flugbahnen unter Einwirkung von Magnetfeldern, Streubomben, Pumpgun-Salven und Laserstrahlen zu berechnen und sie an den Joystick anzukoppeln. Die Hits in den Spielhallen sind Arcade-Umsetzungen von Kultfilmen und -serien wie „Bleirunner“, „Midnight Morphin’ Morphium Rangers“, „Protonator“, „The Hitchhiker’s Guide to the Galactose“, „Angriff der Killer-Toluidine“, „Lithium Weapon“, „The Ethylene strikes back“ oder „Back to the Furfural“.

Handschuhe Die zweite Haut des Chemikers, mit der er sich der wütenden Attacken von aggressiven Chemikalien erwehrt, die auf der Arbeitsplatte auf ihn zufließen, sich über eine Zwei-Phasen-Grenzschicht auf ihn zuschleichen oder ihn durch die Luft anspritzen. Die mangelnde Griffigkeit nimmt man gerne in Kauf, denn ohne die Handschuhe könnte man sich schon bald über die mangelnde Griffigkeit der Hände beschweren. Merkt man, wie man beim Spülen über ein Loch

Handschuhe

das Innere des Handschuhs unter Wasser setzt, wird ein neues Paar fällig. Übertreibt man es, wird dieser Schritt erst aktuell, wenn der ganze Gummifinger so ausgefranst ist, daß er praktisch nicht mehr vorhanden ist. Vollzieht sich dieser Prozeß an einer scharfen Kante sehr viel schneller, so daß auch gleich noch der Finger der Hand daran glauben muß, hat der Handschuh allen Grund, die Schuld weit von sich zu weisen: Dafür ist er nicht verantwortlich.

Hartnäckigkeit Der Geduldsfaden eines Chemikers besteht aus daumendikkem Stahlseil. Wie beim ersten Mal geht er mit demselben Glauben, daß die Reaktion funktionieren und das gewünschte Produkt liefern wird, auch die 327. Wiederholung des Experiments an. Es ist auch schlicht unmöglich, einfach alles hinzuschmeißen, denn wenigstens eine seiner Verbindungen ist bestimmt selbstentzündlich oder ein Kontaktallergen oder eine Schwefelverbindung, die freigesetzt einen dermaßen bestialischen Gestank verbreitet, daß selbst im Nachbarlabor noch Ohnmächtige zu versorgen wären – nur weil *ein* Chemiker keinen Bock mehr hat.

Hart-Weich-Prinzip Das ist doch schon eine Junggesellenweisheit: 4 Minuten für weich, 10 Minuten für hart.

Heizpilz Wird hauptsächlich im Labor geerntet. Generell ungiftig, außer wenn bei unsachgemäßer Handhabung die Kabelisolation aufgerissen wird. Wenn dann noch ein brennbares Lösungsmittel im Heizpilz erhitzt wird, sind die Symptome der Giftwirkung schwarze Flecken im Gesicht.

Helium Extremelement unter den Edelgasen. Dient als Kühlmittel für die Hochenergie-Teilchenbeschleuniger der Physiker; Tiefseetaucher ziehen es in den Abgründen der Weltmeere

Heizpilz

Industrie, chemische

dem Stickstoff als Sauerstoffverdünner vor; und bei der Synchronisierung von Walt-Disney-Zeichentrickfilmen wird es tonnenweise verwendet.

Histamine Mit Histaminen ist es wie mit dem Ozon: Es gibt gute und schlechte. Die guten veranlassen Abwehrreaktionen des Körpers gegen gefährliche Eindringlinge, die sich als Nicht-Selbst zu erkennen geben. Die schlechten lösen zum Leidwesen der Betroffenen Allergien aus.

Hydrophilie Fachbegriff für das Gegenteil von Hydrophobie (siehe dort).

Hydrophobie Fachbegriff für Wasserscheu.

I

Industrie, chemische Einrichtungen zur kommerziellen Umwandlung von gesunden Naturprodukten in giftige Chemikalien. Werden giftige Naturstoffe in gesunde Chemikalien umgewandelt, so fällt dies unter Pharmazie oder Medizin.

inert Alles, was nicht an der Reaktion teilnimmt: das Gefäßmaterial, das Lösungsmittel, die Stopfen und der Chemiker – wenn er Glück hat!

Ionen Geht man am besten aus dem Weg: Sie sind immer so geladen.

iso Vorsilbe, die immer alles noch verkompliziert: Von simplen Elementen gibt es verschiedene **Iso**tope, **Iso**bare, **Iso**tone, bei gleichen Temperaturen verschiedene **Iso**therme, von einfachen Verbindungen verschiedene **Iso**mere, und selbst bei Restriktionsenzymen gibt es verschiedene **Iso**schizomere.

J

Jahn-Teller-Effekt	Aufhebung der durch freie Orbitalplätze hervorgerufenen elektronischen Entartung durch Verzerrung. Einfach gesagt, basiert der Jahn-Teller-Effekt auf der Annahme, daß jeder eine kleine Macke haben muß, der nicht alle Tassen im Schrank hat.

K

Kekulé	Genie. Brachte die Chemiker, die sich mit aromatischen Verbindungen (siehe dort) beschäftigen, auf den richtigen Weg, indem er einfach von einer sich in den eigenen Schwanz beißenden Schlange träumte (siehe auch Halluzinogene).
Kernfusion, kalte	Sturm im Wasserglas. „Kalter Kaffee" – oder bestenfalls dazu geeignet, kalten Kaffee wieder aufzuwärmen.
Keule, chemische	Wo die chemische Keule hinhaut, wächst kein Gras mehr.
Kinetik	Chemische Verhaltensforschung. Moleküle sind wie die Tiere, aber man weiß nicht, wie sie *es* machen – obwohl die meisten von ihnen tagaktiv sind. Ob ihrer Kleinheit lassen sie sich nur schwer *dabei* über die Schulter sehen. Konkurrenzreaktionen sind sehr beliebt, um ihnen – wenn man sie *in flagranti* erwischen kann – auf die Schliche zu kommen. Anhand des Ergebnisses ist leicht nachzuweisen, wer mit wem und oft sogar wie, aber nur schwerlich warum.
Kittel	Die Leinwand des modernen Künstlers im Chemiker: meist schon kurz nach Beginn der Nutzung übersät mit vielfarbi-

Keule, chemische

Knallgas

gen Flecken und Säure- und Brandlöchern. Je weißer der Kittel, desto höher sein Wert als Statussymbol unter Nicht-Chemikern. Je bunter er wird, desto mehr steigt sein Wert unter Chemikern. Ist er jedoch kohlrabenschwarz geworden, hat er keinen Wert mehr.

Kläranlage	Bei Kläranlagen gibt es zwei grundsätzlich verschiedene Typen: a) öffentliche Kläranlage: kommunale Anstalt zur Abscheidung von Dreck aus dem Abwasser. b) firmeneigene Kläranlage: betrieblicher Teilbereich zur Isolierung von Wasser aus den chemischen Abfällen.
Kleiderordnung	Die Kleiderordnung für Chemiker ist noch rigoroser als die für Bankangestellte: **Kittel** – und keine Ausnahmen. Bermuda-Shorts: tabu. Sandalen: tabu. Mini-Röcke: tabu. Strapse: tabu-tabu!
Knallgas	Unzutreffender Name für zündfähige Gemische aus Wasserstoff und Sauerstoff. In dem Moment, in dem es knallt, ist es nämlich kein Knallgas mehr, sondern nur noch Wasserdampf.
Kohlendioxid	Was haben Kaffeebohnen und Menschen gemeinsam? Ihre Reaktion auf pures Kohlendioxid: Kaffeebohnen werden **ent**koffeiniert, Menschen werden **ent**leibt.
Komplexverbindung	Wie der Name schon sagt, sind diese Moleküle so kompliziert, daß eine Erklärung den Rahmen dieses Buches sprengen würde!
Konformation	Die Konformation eines Moleküls wirft angeblich Probleme bei der Namensgebung auf, weil es durchaus einen Unterschied macht, ob die Bindung syn oder anti vorliegt, gau-

che, staggered oder ecclipsed. Aber bin **ich**, wenn ich bei einem Tor für meine Mannschaft die Arme begeistert in die Luft reiße, ein anderer Mensch, als wenn ich bei einem Tor der gegnerischen Mannschaft dem Schiedsrichter einen Vogel zeige?

Königswasser
In allen Revolutionen der Weltgeschichte bevorzugtes Spülmittel, um das Volk von Kronen, Zeptern und Reichsäpfeln zu befreien. Löst auch königliche Ehen auf, und überhaupt so ziemlich alles ...

Konzentration
Bei gegebener Masse des zu lösenden Stoffes hängt die Konzentration nur von der Menge des Lösungsmittels ab, und zwar ist die Konzentration umgekehrt proportional zur Lösungsmittelmenge. So mancher Chaos-Chemiker sollte auch erst einmal sein Gehirn etwas einengen, bevor er sich an die Arbeit macht.

Koryphäen
Experten und Möchtegern-Experten. Überliefert ist folgender Dialog zwischen zwei Doktoranden:
1. Doktorand: „Jetzt werde ich endlich einmal wieder Fortschritte machen. Ich habe nämlich die entsprechenden Koryphäen gefunden!“
2. Doktorand: „Koryphäen? Nie gehört. Enthält wohl eine Doppelbindung, und das „ph“ deutet auf eine Phenylgruppe hin. Schon mal einen Pikrat-Nachweis versucht?“

Kristallviolett
Farbstoff, an dessen Synthese man sich noch eine Ewigkeit lang erinnert. Und fällt es auf den Boden, dann erinnern sich sogar noch Generationen von Putzkolonnen daran.

Krümmung
Jungbrunnen für Quantenteilchen. Je größer die Krümmung der Wirbelsäule, desto schwerer fallen dem Menschen alle

Königswasser

Laborboy

Tätigkeiten, während Quantenteilchen mit zunehmender Krümmung der Wellenfunktion sogar noch Energie hinzugewinnen!

L

Labor Refugium des Chemikers, dessen Grenzen zu ziehen manchmal etwas problematisch ist. Im Regelfall liegt sie dort, wo Passanten das Gesicht verziehen und umkehren, u. U. also erst beim Öffnen der Tür. Schwer wird es bei großen Laboratorien, also z. B. wenn die Reaktionsgefäße schon so groß sind wie jenes mit der Bezeichnung „Ostsee“, in dem nach Ansicht führender pharmazeutischer Chemiker derzeit – rein zufällig versteht sich – ein Wirkstoff entsteht, mit dem man in 100 Jahren fähig sein wird, jede beliebige Krankheit zu heilen.

Laborboy Pflichtbewußte Hilfskraft im Labor. Sind alle mal eben draußen auf einen Kaffee, trägt er die alleinige Verantwortung.

Lack Als Holzschutzlack: Tor ohne Schloß an der Speisekammer der Holzwürmer; als Rostschutzlack: Widerstandsfähiges Hindernis im Weg des allmächtigen Rostes, das nur mit Gewalt – z. B. durch Hagelschlag auf die Motorhaube, einen Pfennigabsatz gegen die Beifahrertür oder einen über den Kofferraum rauschenden Skateboarder – überwunden werden kann; und Glanzlack zwingt sogar das Sonnenlicht zur Umkehr!

Die Zeit jedoch geht auch am Lack nicht spurlos vorbei, und irgendwann heißt es immer: Der Lack ist ab. Darüber kann ein Chemiker in der Lackabteilung eines großen Konzerns

	aber nur lachen: Dann wird halt neuer Lack darübergesprüht – und er hat gerade den besten Lack im Super-Sonderangebot!
Legierung	Metall-Blends, ähnlich den marktüblichen Scotch-Blends, die man aber weder im festen und ganz besonders nicht im flüssigen Zustand zu sich nehmen sollte!
Leichtsinn	Den Grignard mit dem Bunsenbrenner zu starten, Natriumreste im Abfluß zu „entsorgen", einen 1000-Milliliter-Rundkolben mit 999 Millilitern Inhalt an den Rotationsverdampfer zu hängen, den pyrophoren Platinmohr neben einer Papierrolle, die neben einer Etherflasche steht, welche sich wiederum in direkter Nachbarschaft zu einem Behälter mit flüssigem Stickstoff befindet, über Nacht trocknen zu lassen, oder einen Kolben mit cyanidhaltigen Rückständen sofort und ohne Umschweife per Chromsäurespülung säubern zu wollen, sind deutliche Anzeichen chronischen Leichtsinns (siehe auch Wagemut).
Licht	Gibt photochemischen Reaktionen den entscheidenden Kick.
Liebe	Liebe ist ... ein komplexes Wechselspiel einer unüberschaubaren Vielfalt von körpereigenen Chemikalien: Hormonen, Enzymen und Pheromonen, die je nach Kompatibilität mit der Chemie der/des Angebeteten einen Menschen in bezaubernde Romanzen, ewige, glückliche oder weniger glückliche Ehen oder herzzerreißende Tragödien steuern können.
Ligandenfeld	Schwer zu beackern. Aber man kennt das ja: Die dümmsten Bauern ernten meist die dicksten Kartoffeln.

Legierung
ICH HAB' DIE ABSOLUT LEICHTESTE LEGIERUNG FÜR FAHRRADRAHMEN ERFUNDEN!
PATENTAMT
BITTE HIER WARTEN!
ACH NEE!

Meßfehler

Ligandenfeldaufspaltung	Hier kommt der Traktor freilich nur mit 10 Dq drüber.
LSD	Das Akronym, von dem Sie noch lange träumen werden!
Lithium	Bestandteil einiger Psychopharmaka bei der Behandlung von Schizophrenie. Napoleon Bonaparte schwört darauf – zumindest die drei Napoleons, mit denen der Autor dieser Zeilen zwecks wissenschaftlicher Betreuung in Verbindung steht.

M

Meßfehler	Parameter, um auch dubiosesten Meßergebnissen Glaubwürdigkeit zu verleihen.
Messing	Vertrackte Sache: Wurde das Kupfer durch die Zugabe des weniger edlen Zinks verdreckt oder durch die Annäherung an die Farbe des edleren Goldes veredelt?
Methyl	Hier lohnt es sich noch nicht einmal, „Rest R“ zu schreiben.
Mol	Ein Mol ist die Stoffmenge einer Substanz, die $6{,}02214 \cdot 10^{23}$ Teilchen (Atome, Moleküle, etc.) enthält. Schön veranschaulichen läßt sich diese Definition mit Gummibärchen als Teilchen der Masse zwei Gramm. Ein Mol Gummibärchen wiegt dann – ungefähr – die Masse von Ceres auf, dem mit $1{,}2 \cdot 10^{18}$ Tonnen größten Planetoiden im Sonnensystem, von dem man wiederum 5000 Stück bräuchte, um daraus einen neuen Planeten Erde aufzubauen – und das kann man sich doch wirklich gut vorstellen, nicht wahr?
Molekularsieb	Spezielle Art von Sieb: Man schüttet nicht die Flüssigkeit durch das Sieb, sondern das Sieb durch die Flüssigkeit.

Muffen Von Klammern gehaltene Teile einer Apparatur werden mit Muffen am Stativ befestigt. Im Laufe der Zeit werden Muffen jedoch immer muffiger: Zuerst nur ein wenig störrisch, sind sie schon bald so verrostet, daß man sie kaum noch aufschrauben oder gar bewegen kann.

Muffensausen Die Angst des präparativen Chemikers beim Aufbau einer Apparatur.

N

Nachkochzeit Rote Laterne, unter der jemand den Chemiker-Blues summt. Wenn während des Studiums die eingeteilte Laborzeit vermutlich nicht mehr zur Erreichung des vorgegebenen Ziels ausreichen wird, muß man in die Nachkochzeit, die dem Nachsitzen in der Schule ähnelt – nur daß man sich schon selbst dazu verdonnern muß. Dennoch Hoffnung für all diejenigen, die tatsächlich an das Sprichwort „Die Letzten werden die Ersten sein" glauben.

Natur Größter Chemie-Konzern der Welt. Keine noch so sorgfältige Studie konnte eruieren, wie die Natur ohne Gewinnmaximierung und doppelte Buchführung derart gewaltige Umsätze erreicht.

naturidentisch Bezeichnung für Chemikalien, die zwar im Labor hergestellt werden, allerdings so geschickt, daß man sie vom natürlichen Vorbild nicht unterscheiden kann – und schon gar nicht alleine mit der Zunge!

Naturwissenschaft Chemie. Nach eigener Auffassung sind die Chemiker die „wahren" Naturwissenschaftler, Mathematik, Physik und

Natur

SIE HABEN SCHON RECHT, FRÄULEIN MAYER ! DIE TECHNIK IST FASZINIEREND ! TROTZDEM GIBT ES MOMENTE, WO ES MICH MIT ALLER MACHT AN DEN BUSEN DER NATUR ZURÜCKZIEHT !

Nebenwirkungen

	Biologie nur Hilfswissenschaften. Mathematiker, Physiker und Biologen denken genauso darüber – nur eben gerade umgekehrt.
Nebenwirkungen	Schwer zu erklären, warum es erlaubt ist, Medikamente mit Nebenwirkungen auf den Markt zu bringen. Tatsache ist aber auch, daß es niemanden stört, daß alkoholische Getränke nicht nur den Durst zu löschen brauchen, sondern auch Nebenwirkungen wie Lallen, Schwanken und totale Übermüdung sowie Amnesie und bösen Kater am nächsten Morgen auslösen, in die Abhängigkeit und zu schweren Leber- und Gehirnschäden führen dürfen.
Neon	Nachtaktiv. Wenn es draußen dunkel wird, schlägt seine große Stunde. Normalerweise reaktionsträge, bringen es schon ein paar Watt zum Strahlen.
Next slide please	Periodisch wiederkehrender Weckruf bei wissenschaftlichen Vorträgen, der dem Publikum in Erinnerung ruft, daß die Finsternis nicht auf die Nacht, sondern auf die Verdunkelung zurückzuführen ist.
Nichtraucherabteil	Wo immer unterschieden wird zwischen Räumen für Raucher und Nichtraucher, wird man die Chemiker im Nichtraucherabteil finden – das Raucherabteil erinnert sie viel zu sehr an das Labor.
Nicotin	Obwohl von viel höherer akuter Toxizität als Plutonium ist es einfach angenehmer zu rauchen. Außerdem sind Plutoniumautomaten extrem schwer zu finden.
Niederschlag	Auch „K.O.“ genannt. Fällt häufig erst in der 10. Fällungsrunde aus.

Notausgang

***o*-Nitroanisol**	Charakteristischer Niederschlagstypus für das Umland von Frankfurt/Main, wo die Großwetterlage häufig wechselt: Tief – Hoch – Hoechst ...
Nitroglycerin	Besonders temperamentvolle Chemikalie mit positiven Nebenwirkungen auf menschliche Herzen.
Notausgang	Anderes Wort für Fenster. **So** groß kann die Not doch gar nicht sein, daß nicht wenigstens noch jemand die Notdusche anwerfen und die mit Gasmasken bewehrte Truppe gesittet das Labor verlassen könnte. Nur wenn traditionsgemäß der Chef als letzter von Bord des sinkenden Schiffes geht, muß er vielleicht versuchen, über die am Fenster vorbeiführende Feuerleiter den rettenden Erdboden zu erreichen.
Notdusche	Muß man sich als bedauernswertes Opfer der pyromanischen Eskapaden gewisser chemischer Reaktionen unter die Notdusche begeben, wird man nicht nur über und über mit einer abgestandenen Rostbrühe, sondern auch mit dem Spott der Kollegen überschüttet.
Notizen	Notizzettel sind überall gefährdet, sei es auf dem Schreibtisch eines Sachbearbeiters, in der Gesäßtasche des Overalls eines Sanitär-Installateurs oder auf der Fön-Ablage einer Friseuse. Aber wer glaubt dem Chemiker noch seine nobelpreisverdächtige Arbeit, wenn die Notiz mit dem Ansatz verschwunden ist? „Lag hier, wo jemand Schwefelsäure verschüttet hat, nicht bis vor einer Minute noch mein Schmierzettel?“
Novocain	Selbst überzeugte Chemie-Gegner werfen beim Besuch des Zahnarztes ihre Prinzipien über Bord, sobald es ans Zähneziehen geht. Einzige Alternative: Holzhammernarkose.

O

Orangensaft Beliebtes Getränk auf Chemiker-Konferenzen weitab von Familie, Institut oder Betrieb – vorausgesetzt, man verdünnt es mit ein paar Spritzern Sekt.

Oxidation Electronnapping. Im Handstreich werden die wehrlosen Elektronen von einem starken Oxidationsmittel, umgangssprachlich „Gorilla“ genannt, den Mutterkernen entrissen und verschleppt. Meistens gehen diese Aktionen so schnell über die Bühne, daß man als Betroffener kaum eine Chance auf eine angemessene Reaktion hat, da der Gorilla sofort im Gewühle der Lösungsmittelmenge untertaucht. Lösegeld wird meist in Form von kleinen, ungebrauchten Reduktionsmitteln gefordert, die nur schwer zu beschaffen sind. Nicht jeder ist ein *von Kohlenstoff-Reibach* oder ein *von Zink-und-Staubig*. Einige Gangs haben sich auf Oxidation spezialisiert. Während der Gefangenschaft werden die Elektronen zu Frondiensten in Batterien und nicht selten auch zur Konfiguration gezwungen. Die Redox-Polizei steht diesen Übergriffen auf die öffentliche Sicherheit hilflos gegenüber, weil viele Elektrodenstellen nicht besetzt sind und die Verbrecher technisch besser ausgestattet sind, insbesondere mit mehr Volt.

OXIDATION ? UND ICH DACHTE, DIE KARRE ROSTET ...

P

Parfüm

Häufig beobachtet man folgendes Phänomen: Zwei stark riechende Frauen warten an einer Haltestelle meistens in großem Abstand voneinander auf den Bus. Umgekehrt existieren stark anziehende Wechselwirkungen zwischen einem nach Moschus riechenden Mann und einer nach Geranien duftenden Frau. Allgemein stoßen sich gleichartig riechende Duftwolken ab, und ungleiche ziehen einander an. Die Lehre von diesen Zusammenhängen bezeichnet man in Analogie zur Elektrostatik als Olfaktostatik, da aufgrund derselben Gesetzesmäßigkeiten oft ähnliche Effekte vorhergesagt werden können: So springt z. B. im oben zuletzt geschilderten Fall bisweilen ein Funken über ...

Pech

Verfolgt Chemiker. Für Dr. Rainer R. sollte es wieder einmal ein ruhiges Weihnachtsfest werden. Warum also funktionierte die Photoreaktion ausgerechnet jetzt nicht, die er schon seit vier Wochen jeweils den ganzen Tag lang ans Fenster gestellt hatte? Schließlich ergab eine kurze Kontaktaufnahme mit dem Verfasser der Vorschrift, daß die ursprünglichen Versuche im Juli bei hellstem Sonnenschein durchgeführt wurden ...

Peleusball

Revolutionäre Weiterentwicklung des Mundes als Pipettierhilfe. Aus Gründen der Traditionspflege wurde die Farbe beibehalten.

Perhydrol

Diese Chemikalie verhilft auch jenen zu (Wasserstoff-)blonden Haaren, die von der Natur nicht damit ausgestattet wurden. Aber, auch wenn sie auf den neuen Flaschen nicht mehr aufgedruckt ist, gilt nach wie vor die gesetzliche Regelung:

Pech
VOM PECH VER-
FOLGTER CHEMIKER (42)
SUCHT NEUEN WIRKUNGS-
KREIS. – ANGEBOTE UNTER
CHIFFRE ...

pH-Wert

CHEF
DER PH-WERT DES CHEFS? - IM MOMENT LEICHT SAUER, ZWISCHEN 3 UND 4!

„Wer blonde Haare nachmacht oder verfälscht oder nachgemachte oder verfälschte blonde Haare sich verschafft und in Verkehr bringt, wird mit Blondinenwitzen bestraft.“

Periodensystem Schwieriger auswendig zu lernen als „Alle meine Entchen“, aber leichter als „Die Glocke“.

Peroxide Kolbenfresser. Als ob die Ethertrocknung nicht beschwerlich genug wäre, kommt auch noch die Gefahr mit Peroxiden hinzu. Zum Glück können die Natriumspaghetti beide Aufgaben bewältigen. Harakiri ist, wenn man uralten Ether ohne Peroxidentfernung bis zur Trockene destilliert.

Phosphat Protonen-Shuttle in Puffer-Systemen. Von ihren Wohnorten in Zonen niedriger pH-Werte bringt das Phosphat sie an ihre Arbeitsplätze in Protonenmangelgebieten und wieder zurück. Wird aber immer wieder aufs heftigste vom TÜV beanstandet, weil es, anders als der Grundbaustoff Phosphor, nicht im Dunkeln leuchtet, was natürlich vom verkehrssicherheitstechnischen Standpunkt aus ganz und gar unakzeptabel ist.

---

pH-Wert Von der Werbung schwer mißhandeltes Konzept der Wasserstoffionenaktivität.

---

physikalische Chemie Die physikalische Chemie ist dadurch gekennzeichnet, daß man mit einfachsten Experimenten minderwertige Präparate herstellt, deren Reize erst die ungezählten Verunreinigungen sind, die bei dem zu untersuchenden Phänomen zunächst ohne Rücksicht auf Verluste vernachlässigt werden können, ein anderes Mal erst den eigentlichen Anlaß zu umfangreichen Arbeitsstunden an Super-Computern liefern, um ihre Effekte zu analysieren – und zwar zur praktischen Beweisführung, daß diese Effekte im alltäglichen Leben eben doch zu vernachlässigen sind.

Platin Wer keine Arbeit hat, macht sich welche: Man legt ein Stück Platin nur irgendwohin, und schon katalysiert es irgendeine Reaktion.

Polymer Eine *sehr* langkettige Verbindung ist ein Polymer. Verläßt sie das Werksgelände, wird sie zum Kunststoff. Mit der Ankunft beim Endverbraucher verkommt sie zu Plastik. Licht nagt an ihm, und damit beginnt das Ende der langen Kette: der Plastikabfall wird erst zu Parkbänken und Leitpfosten verarbeitet und nach einigen Jahren verbrannt, bis er uns zuletzt als CO_2 um die Nase weht.

Proton Während Physiker dieses Elementarteilchen schlicht „p" nennen, heißt es bei Chemikern liebevoll und positiv „H^+" (man beachte den Großbuchstaben). Physiker benutzen es meist bei einigen Prozent der Lichtgeschwindigkeit, schießen es auf andere Teilchen, während Chemiker es etwas rücksichtsvoller behandeln, es höchstens sanft von einer chemischen Verbindung zur anderen schubsen.

Publikation Papierverschwendung. Die größte Bestrebung eines forschenden Chemikers ist im allgemeinen, über jede noch so geringe Erkenntnis einen mit vielen Fremdwörtern verzierten, überlangen Artikel zu schreiben, ihn mit einem Titel zu versehen, den man sich nicht eine Straßenecke weit merken kann, und ihn – in möglichst viele Teile aufgesplittet – in einer der zahllosen naturwissenschaftlichen Fachzeitschriften, in denen die Namen der Autoren fettgedruckt erscheinen, zu veröffentlichen. Grund dafür ist die in Kilogramm gemessene Reputation eines Wissenschaftlers: Je schwerer

HABEN SIE ZUFÄLLIG MEINE LETZTE PUBLIKATION ÜBER DEN THERMISCHEN VERLAUF DER POLYMEREN REAKTION VON ZYANIDEN GELESEN?

Quecksilber

die Masse seiner Publikationen wiegt, desto größer sein Anrecht auf Stellen, Geld, Mitarbeiter und darauf, im Streitfall im Recht zu sein.

Pumpe Essentielle Bestandteile von vielen industrieller Chemie-Anlagen. Wenn eine Pumpe ausfällt und die Produkte nicht schnell genug aus der Reaktionszone entfernt werden, kann dieser Zwischenfall dem verantwortlichen Chemiker unter ungünstigen Umständen ganz schön an die Pumpe gehen.

Q

Quadratsäure Quadratisch, ja, aber weder praktisch noch gut.

Quecksilber Mit Quecksilber ist nicht zu spaßen. Es existieren gewichtige Argumente, die gegen Auseinandersetzungen mit Quecksilber sprechen, darunter das, daß es bei ungestümer Öffnung der evakuierten Woulfeschen Flasche das Manometer durchschlagen und sich anschließend in die Dampfphase verflüchtigen könnte.

Quengelei Doktoranden sind immer unzufrieden mit der technischen Ausstattung der Forschungsgruppe. Der Dipl.-Chem. G.K. aus M. beschwerte sich immer wieder lauthals, daß er unbedingt ein VIS-Spektrometer brauche. Der Doktorvater hatte diese Quengelei irgendwann satt und riet: „Wer Augen hat, der sehe!“

Reinigung, chemische

R

Radon	Das einzige Element, dem Radioaktivität zu größerer Attraktivität verhilft.
Rauchverbot	Lebensversicherung für Laboranten. Bei Zuwiderhandlung kurzes Vergnügen – kürzer noch als eine Zigarettenlänge!
Reaktionsgeschwindigkeit	Gemäß einer altbewährten Faustregel kann man bei Temperaturerhöhung alle 10 Grad mit einer Verdopplung der Reaktionsgeschwindigkeit rechnen. Wenn in der Vorschrift steht: „eine Woche lang bei -10°C rühren", kann man also durch leichte Erwärmung auf +40°C und somit zweiunddreißigfacher Geschwindigkeit locker bis zum Mittagessen fertig sein. Dieses synthetische Konzept lohnt sich natürlich nur dann, wenn der Koch nicht nach derselben Faustregel das Schnitzel bei 660°C innerhalb von fünf Minuten verbraten hat. Das Tempolimit bei Reaktionsgeschwindigkeiten ist naturgemäß ortsabhängig und einfach identisch mit dem Siedepunkt des in einem gegebenen Kolben verwendeten Lösungsmittels.
Regen, saurer	Viele glauben, die Chemie sei am Phänomen des sauren Regens schuld. In Wirklichkeit hat jeder seine eigene Dreckschleuder in der Garage stehen, und es ist die Chemie, die sich mit Hilfsmaßnahmen gegen das Waldsterben eine goldene Nase verdient.
Reinigung, chemische	Tempel der Chemie. Im wahrsten Sinne des Wortes mit allen Mitteln der Chemie versucht man dort, Flecken aus der Wäsche zu entfernen – auch wenn gar keine drin sind.

reizend

Gefahrstoffkategorie, deren Bezeichnung sich auf die Reizung der Haut und/oder der Schleimhaut bezieht. Die Ironie, daß die zweite Bedeutung des Wortes der hier beschriebenen diametral entgegengesetzt ist, führt unter Chemikern zu der Mißverständnisse provozierenden Fähigkeit, in der sarkastischen Aussprache des Kompliments die chemische Bedeutung zu erkennen.

Man erzählt sich die Geschichte vom Skandal um die Chemikerin Annette L. aus W., der man bei ihrem Erscheinen auf einem Ball bescheinigte, ihr Abendkleid sei „ganz reizend"... Fast ohne Schrecksekunde soll sie sich das vermeintlich gesundheitsgefährdende Kleid vom Leib gerissen und in eine Ecke geschleudert haben. Sie bekommt immer noch Drittmittel – inzwischen aber von ganz anderen Firmen als vor diesem Vorgang.

Retro-Synthese

Theoretisches Konzept für die Syntheseplanung, bei dem man von der Zielverbindung ausgehend nach Substanzen sucht, aus denen man die Zielverbindung nach bekannten Verfahren synthetisieren könnte. Diesen Schritt wiederholt man so lange, bis man auf Moleküle trifft, deren Synthese bereits beschrieben wurde bzw. die käuflich zu erwerben sind.

Daß Syntheseplanung vor Beginn der Experimente unbedingt erforderlich ist, zeigt das Beispiel des Chemikers Berthold K. aus M., der über ein Jahr lang mit allen bekannten Methoden versuchte, die Seitenkette seines Moleküls zu oxidieren – bevor er bemerkte, daß er sie noch gar nicht angehängt hatte.

Rhein

Treffpunkt der west- und mitteleuropäischen Chemie-Unfall-Scene. Gleichzeitig größtes Freibad Deutschlands mit

reizend
DAS IST ALSO DER ORGANISCHE ESTER, DER DEINE AUGEN REIZT...
Labor
FRL. ESTHER

Sandbad

starker Anziehungskraft insbesondere auf Bundesumweltminister. Auch ein paar Fische sollen hier schon einmal das eine oder andere Wochenende verbracht haben.

Ringspannung Der Konkurrenzkampf zwischen Chemikern wird erbittert geführt: Rechter Haken, linke Gerade, Tiefschlag ... Wer geht zuerst k.o.?

Rückfluß Wenn man bei allen Reaktionen, die am Rückfluß kochen, den Dimroth-Kühler durch einen Wärmetauscher ersetzen und das rückfließende Lösungsmittel durch Turbinen schikken würde, wäre dies die Lösung der Energiekrise.

Rührfisch Wer wollte da noch gleich den grätenlosen Fisch züchten? Den gibt es doch schon: aus Magnetit und mit Schuppen aus Teflon.

Rührfischangel Wer diese verwendet, wird wenigstens nicht gefragt: „Und – beißen sie?“

Rundkolben Wirken nicht nur aufgeblasen, sie **sind** aufgeblasen.

S

Salz Ionische Verbindung, die schon beim geringsten Kontakt mit Wasser rapide Auflösungserscheinungen erleidet.

Sandbad Öde Wüstenei inmitten des Labors. Temperaturen von über 100°C sind hier keine Seltenheit. Nur Kolben mit hochsiedendem Inhalt können hier – wo andere Gesetze als in den bekannten Wüsten gelten – überleben, denn wehe, man gibt ihnen Wasser! Dann hat man einen Yellowstone Park im Labor.

Schmelzpunktbestimmung

Sandwich

Verbindungen, bei denen man ein Metallatom oder -ion zwischen zwei aromatische Ringe packt. Skrupellos werden auch Ionen wiederverwendet, die schon einmal auf den Kolbenboden gefallen waren.

Schmelzpunktbestimmung

Barbarische Foltermethode, bei der die betroffene Substanz langsam einer enormen Hitze ausgesetzt wird, bis sie ganz und gar verflüssigt ist. Sie ist immer noch legal, obwohl Amnesty International unermüdlich darauf hinzuweisen versucht, welch tragische Schicksale sich mittels so lakonischer Abkürzungen wie „Zers." hinter manchen Schmelzpunktangaben verbergen.

Die Feststoffe dieser Welt sind sich ihrer Souveränität nicht bewußt und können offenbar nicht dafür gewonnen werden, Druck auf die Leitungen der Laboratorien dieser Welt auszuüben.

Oft als abschreckendes Beispiel verwendet, indem man nur einen Bruchteil der vorliegenden Substanz diesen Qualen unterwirft und den überwiegenden Rest zusehen läßt, wie das arme Opfer regelrecht zerschmilzt.

Schokolade

Glücksbringer, da sie viel Serotonin enthält. Ab drei Tafeln aufwärts pro Tag aber wird sie zum Unglücksbringer ...

Schönheit

„Wahre Schönheit", sagt die Werbung, „kommt von innen". Um aber überhaupt dorthin zu gelangen, muß sie in chemischen Fabriken der kosmetischen Industrie zu Pillen gepreßt und von den Kundinnen geschluckt werden. Letztendlich kommt also auch wahre Schönheit von außen ...

Schornstein

Geteiltes Leid ist halbes Leid. Warum sollten Chemiker in ihrem Mief ersticken, wenn doch ihr Schornstein ihn so gut

	verteilen kann, daß er in unendlicher Entfernung endlich in unendlicher Verdünnung größtenteils unwahrnehmbar wird.
Schutzgruppe	Chemischer Wachtdienst, der vor dem Experiment seine Runden dreht und mit seinen Spezialagenten alle undichten Stellen abdichtet und agents provocateures ausschaltet. Die Tätigkeit in einer Schutzgruppe ist allerdings hochgradig risikobehaftet: Versagen führt in praktisch jedem Fall zur Zerschlagung der Gruppe; das Ende eines jeden Jobs ist mit drastischen Einwirkungen auf die gesundheitliche Integrität der Schutzgruppen-Mitglieder verbunden.
Schwefeldioxid	Ist heute als „SO zwei" für Umweltschädigungen bekannt und so in aller Munde, insbesondere in Rebenanbaugebieten, da es auch Wein zugemischt wird.
Siedeverzug	Zuverlässigste Methode zur Ausbeuteminimierung. Lösungen im Reagenzglas über dem Bunsenbrenner tendieren dazu, sich blitzartig aus dem Staub zu machen, wobei der Hals des Reagenzglases wie ein Gewehrlauf wirkt. Schon Erstsemester vervollkommnen ihre Zielfertigkeiten und treffen den Assistenten noch aus fünf Meter Entfernung auf die Schutzbrille. Am Tag der offenen Tür ist der Siedeverzug ein probates Mittel, Besucher aus dem Labor zu vertreiben und ihnen ein für alle Mal die Lust auf das Chemiestudium zu nehmen.
Silber	Silber besitzt von allen Metallen die höchste Leitfähigkeit. Hochrein und feingeschmiedet wird es schon bei Raumtemperatur supraleitend: In Form von Ringen, Armreifen, Ohrringen und Diademen leitet es unter diesen Bedingungen zärtliche Gefühle an die Damenwelt weiter, ohne auf nennenswerten Widerstand zu stoßen.

Schwefeldioxid

Silberbromid Das enorm gefährliche Suchtpotential dieser Substanz ist nicht zu unterschätzen: praktisch die gesamte photographische Industrie ist geschlossen in die Abhängigkeit geraten. Ohne Silberbromid im Filmmaterial gäbe es keine Schnappschüsse, keine Titelbilder ... und keine Regenbogenpresse! Man nennt Silberbromid daher auch den „Sehpurpur der Regenbogenpresse“.

Silberjodid Für den Chemiker eine ungewöhnlich faszinierende Chemikalie. Ein paar Gramm Silberjodid und ein Flugzeug machen ihn zum Regengott.

Sommer Es ist ein bedauernswerter Chemiker, der mitten im Hochsommer mit dem Bunsenbrenner arbeiten muß: Er verwandelt sich in eine lebendige Destille. Alle zwei Stunden füllt er den Flüssigkeitsstand mit Wasser wieder auf. Wenn es aber unter den Kittel oder gar in die behandschuhten Hände gerät, kommt es zum Kochen, der Dampf steigt nach oben und kondensiert erst wieder auf der Stirn, von der der Schweiß in Strömen rinnt.

Spektrometer Lügendetektor. Zur einfachen Diagnose verwendet man in der Infrarot-Spektroskopie eine Wärmetönung zur Stimulation, auf die hin das Molekül ins Schwitzen kommt, wann immer es etwas zu verbergen hat. Der Charakter schwierigerer Verbindungen läßt sich oft erst mit der NMR-Spektroskopie bestimmen, die das Lügengebäude des verdächtigen Moleküls unter der Radiobeschallung zusammenbrechen läßt und die Wahrheit klar umrissen zum Vorschein bringt.

Spülen Hauptgrund für die Lästigkeit des Spülens ist der meist viel zu niedrig angesetzte Forschungsetat, der es einfach nicht erlaubt, Vierliter-Dreihals-Kolben direkt nach Gebrauch in

Silberjodid

Standardrührapparatur

den Altglascontainer zu befördern, sondern es vielmehr notwendig macht, den Rückstand herauszulösen, ihn zu putzen und zu spülen und ihn anschließend *wiederzuverwenden*. Dabei ist doch wirklich das letzte, was sich ein Chemiker erlauben kann, ein major scientific break-through auf der Grundlage eines nur halbherzig gespülten Reaktionsgefäßes.

Standardrührapparatur Lernziel aller Chemiepraktika ist es, eine Standardrührapparatur in weniger als 300 Sekunden aufbauen zu können. Darum ist Chemie auch einer der längsten Studiengänge.

Stickstoff Notbremse. Reagieren Chemikalien unter Alltagsbedingungen mit dem Sauerstoff der Luft, sorgt eine Atmosphäre aus reinem Stickstoff für andere Umstände und verhindert so Oxidation, Entzündung oder Explosion.

Flüssiger Stickstoff stoppt das Altern praktisch völlig – aber er schränkt auch die Mobilität sehr stark ein.

Stoff Ohne jede verschämt hintergründige Note verwendete Bezeichnung für alle Arten von Materie, die es gibt oder die es zumindest theoretisch geben müßte und die daher mehr oder weniger kurz vor der Synthetisierung stehen.

Stopfen Stopfen verschließen Reaktionsgefäße, um die Reaktion vor den verfälschenden Bedingungen der Außenwelt zu bewahren und um die Außenwelt vor den unberechenbaren Gefahren der ablaufenden Reaktion zu schützen. Im Normalfall aber baut sich bestimmt irgendwann ein mordsmäßiger Überdruck auf, der den Stopfen in den hinterletzten Winkel des Abzugsschachtes hinausschießt. Der erste Ersatzstopfen, den der nervöse Chemiker dann ausprobiert, ist leider viel zu klein, was er aber durch die Handschuhe nicht spürt und erst bemerkt, wenn der Stopfen *im* Kolben vom aggressiven Reagenz zerfressen wird. Von den tausend anderen Stopfen, die praktisch überall herumliegen, hat natürlich keiner die passende Größe, und bevor der gestreßte Chemiker überhaupt daran denken kann, zum äußersten Mittel zu greifen: den behandschuhten Daumen an Stopfens Statt in den Glashals zu stecken, quillt der Reaktionsmix bereits blubbernd aus dem Kolben heraus. Eine ökologische Katastrophe muß aber nicht befürchtet werden ... Der Abfluß ist eh verstopft: mit einigen verlorenen – Nomen est Omen! – Stopfen!

Streichhölzer

Die Entwicklung der menschlichen Kultur ist untrennbar verbunden mit der Nutzbarmachung des Feuers. Während man vor Äonen für jedes Lagerfeuerchen noch auf einen Blitzeinschlag warten mußte, wird heutzutage Instantfeuer in Pappschächtelchen verkauft: Streichhölzer.
Normalerweise erzeugt Reibung nur ein wenig Wärme (z. B. beim Händereiben an kalten Wintertagen), aber mit einem kleinen chemischen Trick in Form eines Gemisches von Kaliumchlorat und Tetraphosphortrisulfid im Zündkopf und einem Cowboystiefel kommt man locker auf 150° bis 200°C! Moderne Streichhölzer kommen sogar ohne krebserregende Schwermetall-Katalysator-Zusätze aus; wer also scharf auf Krebs ist, muß sich mit dem Streichholz schon noch eine Zigarette anzünden.

Süßstoffe

Revolutionäre Zuckerersatzstoffe, die süß wie Zucker sind und auch dieselben Reaktionen des Körpers auslösen wie Zucker selbst, z. B. Insulinausschüttung, obwohl ihre sonstigen Eigenschaften denen von Zucker so sehr ähneln wie die von Königswasser denen von Blausäure. Allerdings sind

Streichhölzer

Telekolleg Chemie

sie eine wesentlich umweltfreundlichere Alternative zu Zucker, da sie im Körper nicht zu CO_2 verbrannt werden. Ihr Beitrag zum Umweltschutz!

T

Technikum	Fünfhundert-Liter-Teststation auf dem Weg zur Massenproduktion einer gewinnträchtigen Chemikalie. Wenn Probleme auftreten sollten, ist es besser, wenn dieser Pott hochgeht und die Abteilung zwei Chemikanten verliert, und nicht so schlimm, wie wenn gleich eine komplette Produktionsanlage in die Luft fliegt – und mit ihr 500 Arbeiter, 5000 Anwohner und ein halbes Niedriglohnland.
Telekolleg Chemie	Sandmännchen für promovierte Chemiker.
Tetra	Das Quecksilber unter den organischen Lösungsmitteln. Wer schon einmal mit Tetrachlormethan ausgeschüttelt hat, weiß, was es heißt, mit einem halben Liter davon zu hantieren. Mit einer Hand ist es da nicht getan, sonst verliert man den Scheidetrichter und damit das Reaktionsprodukt.
Theorie	Erhaltungssatz des bestehenden Weltbildes. Es werden nur die experimentellen Ergebnisse herangezogen, die nicht mehr an der einmal gebildeten Meinung rütteln.
Thermostat	Universität: Gerät für die Reaktionskontrolle, das die Temperaturkonstanz gewährleisten soll, aber eine Differenz von $\Delta T = \pm 10°C$ nicht einmal wahrnimmt. Industrie: Gerät für die Reaktionskontrolle, das die Temperaturkonstanz gewährleisten soll, diese im allgemeinen auch garantieren kann und bei einer Differenz von nur $\Delta T = \pm 1°C$ bereits die Werksfeuerwehr alarmiert.

Tinte	Wenn Sie's Chemie auf Weiß haben, können Sie Ihr Schriftstück getrost nach Hause tragen. Wenn Sie's aber *HichChem* auf Weiß bekommen, sollten Sie die Signatur unter dem Vertrag sorgfältigst überprüfen, sonst verteilt sich die Tinte im Lauf der Zeit über die ganze Seite oder diffundiert durch das Papier hindurch auf das Blatt hinter dem Vertrag, wird nach zwölf Stunden unsichtbar oder läßt den Kontrakt in Flammen aufgehen. Besondere Vorsicht aber ist vor Kontaktgiften in Tinten zu walten!
Tod	Einstellung des chemischen Gleichgewichts.
Totalsynthese	Irrgarten ohne rote Fäden. Wer es sich zur Aufgabe macht, Moleküle mit Molmassen $M > 500$ g/mol von einfachsten Substanzen ausgehend vollständig zu synthetisieren, sieht sich konfrontiert mit 1.000.000 verschiedenen Möglichkeiten, die Teilschritte in eine sinnvolle Reihenfolge zu bringen, damit bei der falschen Entscheidung nicht gleich wieder kaputt geht, was man vorher mühsam aufgebaut hat. Das Ergebnis jedenfalls muß unter allen Umständen korrekt sein, denn die meisten Verbindungen dieser Größe sind Naturstoffe, die man als Kontrolle der Totalsynthese heranziehen kann. Peinlich, wenn dann eine Methylgruppe ein C-Atom zu weit links steht oder gar vergessen wurde, die Acetylgruppe vom Stickstoff zu entfernen.
Treibgas	Praktische Luft: Erst treibt es das Haarspray aus der Spraydose, das dann wiederum die Haare in die Höhe treibt.
Treibhauseffekt	Die Erwärmung der Erdatmosphäre durch Kohlendioxid (siehe dort). Für Chemiker folgendermaßen zu lösen: Um den CO_2-Gehalt der Atmosphäre auf Dauer herabzusetzen, muß man lediglich alle Wälder abholzen, große Steine an

Totalsynthese
ICH GLAUBE, ICH BIN DA AUF ETWAS INTERESSANTES GESTOSSEN...

die Stämme binden und diese dann an der tiefsten Stelle des Meeres versenken, von wo aus der Kohlenstoff nicht in den biologischen Kreislauf zurückkehren kann.

Triacylglyceride Fett. Von allen Nahrungsbestandteilen sind sie die energiereichsten, die sich – im Überfluß genossen – sehr schnell auf das Körpergewicht auswirken, und zwar gemäß der von Albert Einstein gefundenen Formel: $m = (1/c^2)\ E$: Je größer die Energiezufuhr, desto mehr nimmt man also zu. Dabei ist die Lichtgeschwindigkeit wohl nicht zu erreichen. Ersetzt man sie durch die tatsächliche Geschwindigkeit v, so wird deutlich, daß man um so eher zunimmt, je langsamer man ißt. Wir empfehlen zum Abnehmen also die völlig neue Fast-Food-Diät „Schling dich schlank".

Trimethylamin Chemiker wissen genau: Wo es nach Fisch stinkt, muß noch lange kein Fisch sein.

Trimethylsilylchlorid Mischt sich überall ein, wo es was Nucleophiles umsonst gibt, insbesondere Sauerstoffnucleophile. Zur Not wird sogar ein Keton zum Enol gezwungen.

Trockeneis Gefrorenes Kohlendioxid, das hauptsächlich zur Kühlung verwendet wird (z. B. im Aceton/Trockeneis-System). Ansonsten ziemlich geschmackloses Eis. Es wird auch nie Geschmackssorten geben, weil Trockeneis **so** klebrig ist, daß nicht das Eis an der Zunge kleben bliebe, sondern die Zunge am Eis.

Trockenmittel Zumeist wird man es mit Natrium versuchen, obwohl das schon gefährlich genug ist, da es Wasserstoff freisetzt. Bei halogenhaltigen Lösungsmitteln wird man Natrium freilich vermeiden und sich nach etwas anderem umsehen, da man

Trockenmittel

Übergangsmetall

sich die Trocknung andernfalls gerade sparen könnte: Entweder entwässert man das ganze Labor durch Flammentrocknung oder aber die Feuerwehr kommt so rechtzeitig, daß sie nicht nur das Labor, sondern auch noch das zu trocknende Lösungsmittel unter Wasser setzt. In solchen Fällen hat man aber noch die Wahl zwischen Phosphorpentoxid (P_2O_5), Tetraphosphordecaoxid (P_4O_{10}) und Phosphor(V)-oxid, aber man sollte sich diese Entscheidung nicht allzu schwer machen ...

Trockenschrank

Praktische Erfindung. Man stapelt im Trockenschrank frisch gewaschene und sauber gefaltete Oberhemden zwischen dünnen, hitzestabilen Kunststoffplatten und erledigt somit Trocknen und Bügeln in einem Arbeitsgang, ohne sich dabei übermäßig viel Mühe zu machen. Leider wird der Trockenschrank allzu oft dazu mißbraucht, Chemikalien zu trocknen.

Tschitschibabin-Reaktion

Auch Ĉiĉibabin-Reaktion, Tchitzsybabbin-Reaktion, Kitschiphapin-Reaktion, Dschidschischabyn-Reaktion, Rzytkipapin-Reaktion.

U

Übergangsmetalle

Eklatante Verletzung der Gleichberechtigung im Periodensystem der Elemente: Es gibt keine Übergangs**nicht**metalle. Die Bezeichnung übertrug sich im Laufe der Zeit vom Eisen ausgehend, das diesen Namen aufgrund der Verwendung von Stahl beim Brückenbau erhielt, auf die Nachbarelemente.

Unfug

Umpolung	Die Entscheidung zu diesem Schritt ringt Chemikalien nicht allzu große Schwierigkeiten ab, denn er wird praktisch ausschließlich in Zeitpunkten in Erwägung gezogen, in denen ein paarungswilliges Molekül die Umpolung bereits kaum noch erwarten kann. Außerdem läßt er sich in der Regel leicht wieder rückgängig machen.
Unfug	Wenn man mit einer Chemikalie auch zuerst einmal gar nichts anfangen kann, kann man bestimmt noch irgendeinen Unfug damit anstellen.

V

Verbindungen, aromatische	Geschmacksverwirrung. Stammverbindung ist das Benzol, Naphthalin ist Hauptbestandteil von Mottenkugeln und Benz[a]pyren ist ein starkes Cancerogen. Ohne funktionelle Gruppen sind aromatische Verbindungen also nur **einmal** aromatisch. Hängen aber ein Aldehyd, ein Alkohol und ein Methylether am Benzol, ißt es jeder zum Kaffee im Kuchen: Vanillin.
Verklappen	Besonders für das Ablassen von flüssigem Sondermüll wie Dünnsäure auf hoher See verwendete Umschreibung. Man muß sich das so vorstellen: Die komplette Mannschaft kommt in einem Raum zusammen, in dessen Wand entsprechend der Anzahl der Matrosen Handräder in die Wand eingelassen sind, von denen jedoch nur eines die Schleusen oder Ventile für das Gift öffnet. Auf ein Zeichen des Kapitäns hin drehen alle Matrosen an einem Rad, und hinterher kann dann jeder seinem Gewissen gegenüber behaupten, er habe es nicht getan und trage nicht die Verantwortung.

Versicherungsagent

Kurz nachdem sich eine Glasapparatur zerlegt hat, kommt ein Versicherungsagent hereingeschneit, den man aufgrund der Höhe der Versicherungsprämie auch als Angestellten des chemischen Betriebes oder der Universität betrachten kann, begutachtet den Scherbenhaufen und erkundigt sich pflichtbewußt: „Sie werden natürlich noch versuchen, das alles wieder zusammenzukleben, nicht wahr?!"

W

Wachs

High-Tech-Produkt der chemischen Industrie:
a) Es existiert einfach kein besseres Material für Kerzen!
b) Wachs bedeutet für ein Auto im Winter so viel wie Sonnenschutzlotion für einen Menschen im Sommer.

Wagemut

Den Wasserstoffdruck noch zu erhöhen, wenn die Schüttelente bereits Blähungen hat, den Magnetrührer im Dehydratisierungsansatz noch eine Stufe höher zu stellen, obwohl die Schwefelsäurewellen bereits überschwappen und die ganze Umgebung entwässern, oder in der Erwartung, daß sowieso wieder genug davon kaputtgeht, viel mehr Methyllithium zuzugeben als in der Vorschrift angegeben, sind Verhaltensweisen, die einen Chemiker als wagemutige Kämpfernatur ausweisen. Man beachte den subtilen Unterschied zum Leichtsinn (siehe dort): Wenn der Wagemutige mit seiner Reaktionsführung Erfolg hat, wird er zum Helden; hat er keinen, kann man ihm immer noch zum nächsten wagemutigen Schritt viel Glück wünschen. Der Leichtsinnige jedoch wird niemals Erfolg haben.

Wagemut

ES IST EINE ART RUSSISCHES ROULETTE: SIE SCHÜTTEN DIE RESTE DER CHEMIKALIEN ZUSAMMEN!

Wasser

WASSER IM KNIE – ICH – UNMÖGLICH, HAB' ICH ZU IHM GESAGT. ICH HABE NOCH NIE WASSER GETRUNKEN! AN DIE EISWÜRFEL IM WHISKY DENKT MAN DOCH IN SO EINEM MOMENT NICHT!

Wasser	Erfolgserlebnis für angehende Chemiker: Was im Altertum noch als Element galt, kann heute schon im Schul-Versuch glatt zerlegt werden.
Wasserstoff	Häufigstes Element im Universum, das jedoch offensichtlich nichts damit anzufangen weiß. In Sternen wird Wasserstoff wegfusioniert zu Elementen mit höherer Ordnungszahl, und selbst in Lebewesen dient er lediglich zur Absättigung überschüssiger Valenzen in der Peripherie von Kohlenstoffketten (und sogar unter diesem Aspekt betrachtet, sind die ungesättigten Fettsäuren wertvoller als die gesättigten) und am Sauerstoff im Wassermolekül.
Werkschutz	Diese Truppe wird immer dann angefordert, wenn die Sicherheit des Betriebes gefährdet erscheint, bei Unfällen wie Explosionen, dem Ausbruch von Feuer oder bei Rohrbrüchen, beim massenweisen Eindringen von neugierigen Reportern oder wenn sich kleine grüne Männchen am Schornstein festgesetzt haben. Die Jungs sind in fast allen (Kampf-) Techniken ausgebildet, hart im Nehmen, trainiert für jedes Wetter und erstklassig ausgerüstet. Nur von Chemie verstehen sie eher wenig ...
Woodward-Hoffmann-Regeln	Das Gesetz.

Yoghurt

KOLLEGE HÄNSELMANN HAT DREI MONATE GEBRAUCHT, UM MILCH ZU SYNTHETISIEREN. — UM EINEN LITER MILCH HERZUSTELLEN, BRAUCHT ER 13 LITER YOGHURT!

X

Xylol	Wenn sich m-Xylol in den Kanälen eines Zeolithen verirrt wie ein Tourist in Venedig, macht es den Hals lang, um nach dem Weg nach draußen zu suchen, bis es den Zeolithen verlassen kann. Wie der Tourist hat es dann einen steifen Hals und nennt sich p-Xylol.

Y

Yoghurt	Für den charakteristisch frischen Geschmack von Yoghurt sorgen Bakterien, die den Milchzucker zu Milchsäure vergären. Ein Yoghurt-Becher wird also letztlich nicht in der Fabrik hergestellt; der Yoghurt-Becher **ist** die Fabrik.
Ypsilon-Caprolactam	Druckfehler!

Z

Zahnbürste	Ein Chemiker benutzt lieber die Zahnbürste eines mit ihm in Konkurrenz stehenden Kollegen als dessen Nomenklatur.
Zink	Erhöht die Lebenserwartung von Autokarosserien, indem es ihnen beim Korrodieren zuvorkommt.
Zuversicht	Nervenzerfetzender Zwangsoptimismus eines jeden Chemikers, auch den nächsten Tag ohne Explosion, Vergiftung oder Kabelbrand im Magnetrührer zu überleben.

Zwei-Elektronen-Drei-Zentren-Bindung	Dreiecksbeziehung, die wie erwartet nicht eben von eherner Stabilität geprägt wird.
Zyankali	Chemisches Äquivalent einer Klippe: ein schneller Tod.

ISBN 3-8231-0564-7

ISBN 3-8231-0135-8

ISBN 3-8231-0543-4

ISBN 3-8231-0126-9

ISBN 3-8231-1022-5

ISBN 3-8231-0176-5

ISBN 3-8231-0166-8

ISBN 3-8231-0139-0

ISBN 3-8231-0082-3

ISBN 3-8231-0189-7

Fröh·li·che Wör·ter·bü·cher von A–Z

ISBN 3-8231-0116-1

ISBN 3-8231-1003-9

ISBN 3-8231-1002-0

ISBN 3-8231-0105-6

ISBN 3-8231-0138-2

ISBN 3-8231-1006-3

ISBN 3-8231-0096-3

ISBN 3-8231-0070-X

ISBN 3-8231-0095-5

ISBN 3-8231-0110-2

ISBN 3-8231-0110-2

ISBN 3-8231-0069-6

ISBN 3-8231-0162-5

ISBN 3-8231-0101-3

ISBN 3-8231-0190-0

ISBN 3-8231-0565-5

ISBN 3-8231-0120-X

ISBN 3-8231-0060-2

ISBN 3-8231-0137-4

ISBN 3-8231-0534-5

ISBN 3-8231-0152-8

ISBN 3-8231-0157-9

ISBN 3-8231-0079-3

ISBN 3-8231-0080-7

ISBN 3-8231-0114-5

ISBN 3-8231-0068-8

ISBN 3-8231-0113-7

ISBN 3-8231-0541-8

ISBN 3-8231-0544-2

ISBN 3-8231-1004-7

ISBN 3-8231-1005-5

ISBN 3-8231-1007-1

ISBN 3-8231-0107-2

ISBN 3-8231-0128-5

ISBN 3-8231-0191-9

ISBN 3-8231-0067-X

ISBN 3-8231-0112-9

ISBN 3-8231-0086-6

ISBN 3-8231-1021-7

ISBN 3-8231-0078-5

ISBN 3-8231-0542-6

ISBN 3-8231-0149-8

Fröh·li·che Wör·ter·bü·cher von A–Z

ISBN 3-8231-0548-5

ISBN 3-8231-0546-9

ISBN 3-8231-0167-6

ISBN 3-8231-1000-4

ISBN 3-8231-0077-7

ISBN 3-8231-0088-2

ISBN 3-8231-0129-3

ISBN 3-8231-1013-6

ISBN 3-8231-0143-9

ISBN 3-8231-1015-2

ISBN 3-8231-0098-X

ISBN 3-8231-0168-4

ISBN 3-8231-0119-6

ISBN 3-8231-0123-4

ISBN 3-8231-0134-X

ISBN 3-8231-1016-0

ISBN 3-8231-0650-3

ISBN 3-8231-0163-3

ISBN 3-8231-1008-X

ISBN 3-8231-0192-7

ISBN 3-8231-0076-9

ISBN 3-8231-0193-5

ISBN 3-8231-0164-1

ISBN 3-8231-0170-6

ISBN 3-8231-0124-2

ISBN 3-8231-0539-6

ISBN 3-8231-0066-1

ISBN 3-8231-0140-4

ISBN 3-8231-0194-3

ISBN 3-8231-0538-8

ISBN 3-8231-0091-2

ISBN 3-8231-0185-4

ISBN 3-8231-0153-6

Fröh·li·che Wör·ter·bü·cher von A–Z

ISBN 3-8231-0128-5

ISBN 3-8231-0191-9

ISBN 3-8231-0067-X

ISBN 3-8231-0112-9

ISBN 3-8231-0086-6

ISBN 3-8231-1021-7

ISBN 3-8231-0078-5

ISBN 3-8231-0542-6

ISBN 3-8231-0149-8

ISBN 3-8231-0548-5

ISBN 3-8231-0546-9

ISBN 3-8231-0167-6

ISBN 3-8231-1000-4

ISBN 3-8231-0077-7

ISBN 3-8231-0088-2

ISBN 3-8231-0129-3

ISBN 3-8231-1013-6

ISBN 3-8231-0143-9

ISBN 3-8231-1015-2

ISBN 3-8231-0098-X

ISBN 3-8231-0168-4

ISBN 3-8231-0119-6

ISBN 3-8231-0123-4

ISBN 3-8231-0134-X

ISBN 3-8231-1016-0

ISBN 3-8231-0650-3

ISBN 3-8231-0163-3

ISBN 3-8231-1008-X

ISBN 3-8231-0192-7

ISBN 3-8231-0076-9

ISBN 3-8231-0193-5

ISBN 3-8231-0164-1

ISBN 3-8231-0170-6

ISBN 3-8231-0124-2

ISBN 3-8231-0539-6

ISBN 3-8231-0066-1

ISBN 3-8231-0140-4

ISBN 3-8231-0194-3

ISBN 3-8231-0538-8

ISBN 3-8231-0091-2

ISBN 3-8231-0185-4

ISBN 3-8231-0153-6

ISBN 3-8231-0117-X

ISBN 3-8231-0566-3

ISBN 3-8231-0558-2

ISBN 3-8231-0568-X

ISBN 3-8231-0171-4

ISBN 3-8231-0065-3

ISBN 3-8231-0097-1

ISBN 3-8231-0572-8

ISBN 3-8231-0156-0

ISBN 3-8231-1009-8

Fröh·li·che Wör·ter·bü·cher von A–Z

ISBN 3-8231-0109-9

ISBN 3-8231-0175-7

ISBN 3-8231-0064-5

ISBN 3-8231-0567-1

ISBN 3-8231-0560-4

ISBN 3-8231-0535-3

ISBN 3-8231-0073-4

ISBN 3-8231-0537-X

ISBN 3-8231-0111-0

ISBN 3-8231-0561-2

ISBN 3-8231-0559-0

ISBN 3-8231-0536-1

ISBN 3-8231-0151-X

ISBN 3-8231-0130-7

ISBN 3-8231-1020-9

ISBN 3-8231-0158-7

ISBN 3-8231-0131-5

ISBN 3-8231-0530-2

ISBN 3-8231-0531-0

ISBN 3-8231-0141-2

ISBN 3-8231-0083-1

ISBN 3-8231-0150-1

ISBN 3-8231-0569-8

ISBN 3-8231-0145-5

ISBN 3-8231-0146-3

ISBN 3-8231-0115-3

ISBN 3-8231-0178-1

ISBN 3-8231-0118-8

ISBN 3-8231-1010-1

ISBN 3-8231-1011-X